LA VRAIE

PROPHÉTIE DE BLOIS

D'APRÈS LES DOCUMENTS AUTHENTIQUES

RÉCEMMENT PUBLIÉS

Par M. l'abbé RICHAUDEAU

Aumônier des Ursulines de Blois

MONTPELLIER

IMPRIMERIE TYPOGRAPHIQUE DE GRAS

—

1871

Qui, aujourd'hui, n'a pas lu la *Prophétie de Blois*, ou, du moins, qui n'en a pas entendu parler? Depuis que le *Constitutionnel* l'a publiée, au commencement du mois de septembre dernier, plus de cent cinquante journaux l'ont reproduite. C'est ainsi qu'au moment actuel, ces célèbres et étonnantes prédictions sont connues dans toute l'Europe et même dans le Nouveau Continent.

Cette Prophétie, d'après l'ordre de la sœur Marianne, n'a jamais été écrite par la vénérable Religieuse qui, la première, en reçut la confidence. Depuis 1804, elle s'était conservée et transmise par tradition orale chez les Ursulines de Blois. Ces bonnes Religieuses la communiquaient, de temps en temps et comme par fragments, aux personnes qui venaient les visiter dans leur couvent.

Mais l'esprit de parti, en l'absence de toute tradition écrite, s'étant emparé de cette Prophétie, plusieurs versions en ont circulé dans le public, différant essentiellement entre elles sur bien des points, et même quelques-unes portant les traces évidentes de préoccupations politiques.

Il était donc nécessaire qu'une main sûre et impartiale vînt dégager cette Prophétie des surcharges et des altérations qu'elle a subies. L'opinion publique, vivement émue par ces prédictions, réclamait impérieusement ce travail. Ce désir est aujourd'hui pleinement satisfait.

M. l'abbé Richaudeau, aumônier depuis longtemps des Ursulines de Blois, se trouvant, pour ainsi dire, à la source de la vérité relativement aux prédictions de la sœur Marianne, a voulu couper court à toutes les additions et interpolations ajoutées après coup, suivant les désirs ou les opinions politiques d'un grand nombre de copistes. Il a publié à Tours, chez Cattier, éditeur, une brochure de 72 pages, parvenue déjà à sa troisième édition. Après avoir examiné et prouvé l'authenticité de la *Prophétie de Blois,* ce digne et savant ecclésiastique s'attache à relever les altérations et changements qu'elle a subis dans les versions données par les journaux.

Le présent écrit n'est qu'un extrait très-fidèle de l'intéressant travail de M. l'abbé Richaudeau.

Voici donc le texte aussi complet qu'authentique de la *Prophétie de Blois*, tel qu'il ressort de la brochure du vénérable aumônier des Ursulines de cette ville. Nous avons seulement, en ce qui est notre fait, placé quelques-unes de ces prédictions dans l'ordre qui nous a paru chronologiquement indiqué par les événements prédits et déjà accomplis.

Quant aux notes placées à la fin de cet écrit, elles sont toutes, sauf quatre ou cinq, copiées dans l'ouvrage de M. l'abbé Richaudeau, qui réside depuis longtemps dans la ville de Blois, et dont les assertions, relativement aux événements arrivés dans Blois, peuvent être facilement contrôlées par les habitants de cette ville.

Puisque Dieu a daigné nous avertir, à l'avance, des malheurs et des châtiments que sa justice irritée devait infliger à notre patrie, profitons de ces avertissements, et hâtons par des prières ferventes et continuelles l'heure de la miséricorde et du pardon.

21 janvier 1871.

L'abbé E. R. C.....

LA VRAIE

PROPHÉTIE DE BLOIS

—

Restauration (1814-1815)

1. — La famille des Bourbons reviendra en France, alors qu'elle semblera oubliée, parce qu'un usurpateur fera retentir son nom partout. La décadence de celui-ci arrivera, alors qu'il se croira plus affermi.

2. — Malheureusement il reparaîtra avant un an d'exil (A), et règnera ; il ne restera au plus que trois mois (B).

3. — La France sera affligée par l'assassinat d'un Prince (C) qui paraîtra l'unique espérance de nos rois ; mais il revivra dans un fils inattendu (D).

—

Révolution de 1830

4. — De nouveaux troubles que vous verrez (E), mais que les mères St-Aubin, St-Joseph et sœur Monique ne verront pas, auront lieu (F).

5. — On se cachera dans les blés (G). Si ce trouble devait être le dernier !!!

Révolution de 1848

6. — Mais ils recommenceront dans un mois de février. Vous serez sur le point de faire une cérémonie de vœux, et vous ne la ferez point (H).

7. — Ensuite, avant la moisson, un prêtre de Blois partira pour Paris ; il y restera trois jours, et reviendra sans qu'il lui arrive rien (I). Un autre prêtre, qui ne sera pas de Blois, partira ensuite ; il n'ira pas jusque-là, parce qu'il ne pourra pas entrer ; il reviendra le même jour (J).

8. — Des hommes partiront pour un combat. Il y aura trois départs. Ceux qui partiront en premier et en second lieu iront jusqu'au champ de bataille et participeront à l'action ; enfin les derniers apprendront en chemin que tout est fini, et ils reviendront sur leurs pas (K).

La transition pour passer de 1848 aux événements de l'époque actuelle est tout à fait perdue. Les nombreuses copies de la *Prophétie de Blois*, qui circulent depuis longtemps en France, les traditions mêmes, qui se sont conservées avec tant de soin et de fidélité dans le Couvent des Ursulines de Blois, ne disent rien des événements qui ont suivi la Révolution de février et les journées de juin 1848. Nous passons donc brusquement à l'époque actuelle, pour laquelle nous continuerons à suivre l'ordre des numéros.

Époque actuelle

9. — Avant les grands désastres, on fera une

construction. La principale bâtisse sera faite ; mais on ne fera pas tout ce que l'on avait projeté (L).

10. — Tant qu'on priera, il n'arrivera rien ; mais il viendra un moment où l'on cessera de faire des prières publiques ; on dira : Les choses vont rester comme cela. C'est alors qu'auront lieu les événements. Néanmoins les prières particulières ne cesseront pas (M).

11. — Ces pauvres séminaristes !.... mais il ne leur arrivera rien ; car ils seront sortis quand les malheurs arriveront. Ils ne rentreront pas au temps fixé ; pourtant ils auraient pu rentrer (N). (La sœur Marianne répéta cela plusieurs fois.)

12. — On descendra un matin sur le champ de foire et on verra les marchands se dépêcher d'emballer. — Pourquoi, leur dira-t-on, emballez-vous si vite ? — Nous voulons, répondront-ils, aller voir ce qui se passe chez nous (O).

13. — On entendra le roulement de grosses voitures attelées de bœufs, qui emmèneront les effets de ceux qui fuiront devant l'ennemi (P).

14. — Tous les hommes partiront ; on les fera partir par bandes et petit à petit ; il ne restera que les vieillards (Q).

15. — La mort d'un grand personnage sera cachée pendant trois jours (R).

16. — Pendant ce temps, on ne saura les nouvelles au vrai que par quelques lettres particulières.

17. — Que ces troubles sont effrayants !

18. — Pourtant ils ne s'étendront pas dans toute la France, mais seulement dans quelques grandes villes où il y aura des massacres, et surtout dans la capitale, où le massacre sera grand.

19. — Il n'y aura rien à Blois (S). Les religieuses auront grand'peur. Quelques prêtres se cacheront; les églises seront fermées, mais si peu de temps qu'à peine l'on s'en apercevra. Ce sera tout au plus l'espace de vingt-quatre heures.

20. — Vous serez vous-mêmes sur le point de partir; mais la première qui mettra le pied sur le seuil de la porte dira : Rentrons, et vous rentrerez. On dira que vous êtes sorties, mais ce ne sera pas vrai.

21. — Avant ce temps, on viendra dans les églises et on fera dire des messes pour les hommes qui seront au combat.

22. — Quant aux prêtres et aux religieuses, ils en seront quittes pour la peur.

23. — Il faudra bien prier, car les méchants voudront tout détruire. Avant le grand combat, ils seront les maîtres; ils feront tout le mal qu'ils pourront, non tout ce qu'ils voudront, parce qu'ils n'auront pas le temps.

24. — Ce grand combat sera entre les bons et les méchants : il sera épouvantable ; on entendra le canon à neuf lieues à la ronde. Les bons étant moins nombreux seront, un moment, sur le point d'être anéantis. Mais, ô puissance de Dieu ! ô puissance de Dieu ! tous les méchants périront, et avec eux beaucoup de bons.

25. — Ce temps sera court ; s'il était long, personne n'y tiendrait.

26. — Il y aura une nuit pendant laquelle personne ne dormira. Ce sera un orage qui dépassera les proportions connues. Cet orage ressemblera à un petit jugement dernier.

27. — Il y aura des choses telles que les plus incrédules seront forcés de dire : Le doigt de Dieu est là !

28. — A la fin, trois courriers viendront. Le premier annoncera que tout est perdu. Le second, qui arrivera pendant la nuit, ne rencontrera qu'un seul homme, appuyé sur sa porte. — Vous avez grand chaud, mon ami, lui dira cet homme ; descendez prendre un verre de vin. — Je suis trop pressé, répondra le courrier. Puis il continuera sa route vers le Berry.

29. — Vous serez en oraison (T) quand vous entendrez dire que deux courriers sont passés. Alors il en arrivera un troisième, FEU ET EAU, qui dira que tout est sauvé et qui devra être à Tours dans une heure et demie.

30. — Vous chanterez un *Te Deum*. Parlez-moi de ce *Te Deum!* Ce sera un *Te Deum* comme on n'en a jamais chanté.

31. — Pendant quelque temps, on ne saura à qui l'on appartiendra. Mais ce ne sera pas celui qu'on croira qui règnera ; ce sera le sauveur accordé à la France et sur lequel elle ne comptait pas.

32. — Le Prince ne sera pas là ; on ira le chercher (U).

33. — Il faudra quinze à vingt ans pour que la France se relève de ses désastres. Cependant le calme renaîtra ; et depuis ce moment jusqu'à une paix parfaite et jusqu'à ce que la France soit plus florissante et plus tranquille que jamais, il s'écoulera à peu près vingt ans.

34. — Mais le triomphe de la religion sera tel que l'on n'a jamais rien vu de semblable. Toutes les injustices seront réparées : les lois civiles seront mises en harmonie avec celles de Dieu et de l'Église ; l'instruction donnée aux enfants sera éminemment chrétienne ; les corporations d'ouvriers seront rétablies.

On trouve encore dans l'opuscule publié par M. l'abbé Richaudeau quelques autres prédictions de la sœur Marianne, qui ne sont pas moins connues à Blois et qui, par conséquent, ne sont pas moins authentiques. Comme on ne sait pas dans quel ordre elles peuvent avoir été faites, on les reproduit ici à part, en les numérotant avec les chiffres romains.

I. — Vos élèves sortiront aussitôt qu'elles seront rentrées ; on viendra les chercher les unes après les autres. En voilà qui partent ; il n'en reste plus que tant. Qui est-ce qui payera nos dettes ?

II. — Que de massacres ! que de désastres ! On les verra au pied des murs et l'on dira : Comment ont-ils pu arriver aussi vite ? Tous les hommes seront appelés, mais ils reviendront finir leurs travaux.

III. — Ces pauvres Carmélites ! leur fête ! Mais vous, ferez-vous la vôtre ? Quelle agitation ! Quel trouble ! C'est la 19e semaine (V).

IV. — Quelque chose d'important et de grave arrivera pendant que le Confesseur sera absent.

V. — Il y aura une fête ou une cérémonie dont on dira : C'est la dernière qui se fera mal (X).

VI. — A un certain moment, il y aura beaucoup de malades dans la maison, et tout à coup il n'y en aura plus.

NOTES ET ÉCLAIRCISSEMENTS

—

(A) — Le retour de l'île d'Elbe, en mars 1815.

(B) — Les Cent-Jours, en 1815.

(C) — Le duc de Berry assassiné par Louvel, le 13 février 1820.

(D) — Le duc de Bordeaux, né le 29 septembre 1820.

(E) — C'est la sœur Marianne qui parle à Mlle de Leyrette, devenue plus tard religieuse Ursuline, sous le nom de Mère Providence.

(F) — Il s'agit ici de la Révolution de 1830, arrivée sept ans après la mort de ces trois religieuses.

(G) — On apprit alors à Blois que cela s'était réalisé, et bien des personnes l'attestent encore aujour-d'hui.

(H) — Tout était prêt, en effet, pour cette cérémonie lorsque la Révolution de février éclata. Dans des circonstances pareilles, Mgr des Essarts, évêque de Blois, renvoya à une époque plus calme la cérémonie, qui n'eut lieu que le 1er octobre suivant.

(I) — Lorsque déjà les troubles de juin étaient commencés, mais sans qu'on pût en soupçonner la gravité à Blois, un vicaire général, qui vit encore aujourd'hui, partit pour Paris et s'y trouva renfermé par la bataille et les barricades ; mais il n'eut aucun mal, quoiqu'on se fût battu dans la rue où il était logé.

(J) — Le lendemain, le P. Liot, jésuite, qui venait de prêcher quelques retraites à Blois, prit à son tour le chemin de fer ; mais il apprit à Orléans que l'on se battait à Paris et que les trains n'y arrivaient plus ; il revint le soir même.

(K) — Cela s'est littéralement accompli à Blois lors des journées de juin 1848, quand les gardes nationales du Nord et du Centre de la France partirent pour Paris, afin de prêter main-forte aux soldats et aux hommes combattant pour maintenir l'ordre dans la capitale.

(L) — Il y a onze ans, la communauté des Ursulines de Blois fit l'acquisition de trois propriétés. En 1867, on jeta, sur le terrain acquis, les fondements d'une église où l'on dit la messe depuis huit mois. La principale bâtisse est faite, par conséquent ; mais on n'a pas fait tout ce que l'on avait projeté, tant parce que les temps sont mauvais que par le défaut de ressources.

(M) — C'est bien ce qui se passe depuis cinq mois. Dans plusieurs départements et grandes villes, les préfets ont interdit toute démonstration publique de religion. A part quelques bien rares exceptions, on ne voit plus en France, depuis le 4 septembre dernier, ces processions et ces pèlerinages qu'on faisait autrefois, quand les malheurs menaçaient ou affligeaient notre patrie.

(N) — La rentrée du grand séminaire était fixée au 14 octobre, et celle du petit quelques jours avant. Cette rentrée n'a pas eu lieu.

(O) — Cela s'est exactement accompli à Blois le 5 septembre dernier, lendemain de la proclamation de la République, lorsque la Prophétie était depuis plusieurs jours dans tous les journaux. Elle est tellement connue à Blois, depuis quarante ans surtout, que l'on en parlait chaque année à l'époque de la foire.

(P) — Dans les premiers jours de septembre 1870, il y eut à Blois un défilé énorme de voitures attelées de bœufs et considérablement plus grandes et plus massives que celles du pays. Des cultivateurs de la Lorraine emmenaient leur bétail, leurs meubles et tout ce qu'ils avaient pu emporter de grains et de fourrages, pour les soustraire à l'ennemi. Après avoir mentionné ce fait public et patent, M. l'abbé Richaudeau ajoute : « Il est bon de savoir que, pour Blois, une

»voiture attelée de bœufs est un phénomène qui ne se
»voit pas deux fois en dix ans. »

(Q) — C'est la circulaire de M. Gambetta appelant
sous les armes tous les hommes valides, même mariés
et ayant des enfants.

(R) — Toutes les anciennes copies portent *trois jours*.
Cependant la Mère Providence, depuis plusieurs an-
nées, persiste à dire que la sœur Marianne lui a dit
onze jours.

(S) — Pour bien des gens qui jusque-là avaient eu
une grande foi dans les prédictions de la sœur Marianne, cette partie de la Prophétie a été comme une
pierre d'achoppement depuis que les Prussiens sont
entrés dans Blois. Cependant, si l'on avait lu attentive-
ment la Prophétie, on aurait vu que, dans le verset qui
précède, il est question de *massacres dans quelques
grandes villes et surtout dans la capitale*. Par conséquent, quand, immédiatement après l'annonce de ces
massacres, la sœur Marianne dit: « Il n'y aura rien à
Blois », logiquement cela veut dire qu'il n'y aura pas
de *massacres* à Blois, comme elle vient d'en prédire
pour d'autres grandes villes.— M. l'abbé Richaudeau
ne s'y était pas trompé. Dans sa brochure, publiée
avant l'occupation de Blois par les Prussiens, il dit, en
commentant ce passage de la Prophétie : « Il n'y aura
rien en fait de massacres ; mais cela ne nous garantit
pas avec certitude contre la visite des Prussiens. »

(T) — Dans le couvent des Ursulines de Blois, il y a
deux oraisons par jour : l'une de cinq heures et demie
à six heures et demie du matin, l'autre de quatre
heures et demie à cinq heures du soir.

(U) — N'y aurait-il pas, ici, transposition d'époque,
et la sœur Marianne n'aurait-elle pas parlé de 1815 et
de Louis XVIII, qu'on alla chercher à Gand ? M. l'abbé
Richaudeau lui même, qui pose cette question, dé-
clare qu'il n'ose pas la décider.

(V) — Le 15 octobre dernier, fête des Carmélites, on
apprit à Blois que les Prussiens étaient entrés à Beau-

gency; on regardait leur arrivée à Blois comme probable pour les jours suivants, qui se trouvaient être la 19ᵉ semaine après la Pentecôte. On pouvait, par conséquent, craindre de ne pas célébrer la fête de sainte Ursule, qui tombait le vendredi de cette même 19ᵉ semaine.

(X) — Ne serait-ce pas la fête de Noël qui doit avoir été *mal faite* à Blois en 1870, à cause de l'occupation de la ville par les Prussiens? Dans ce cas, la prochaine fête, c'est-à-dire Pâques, *se fera bien,* sans doute, par suite de la délivrance du pays.

Montpellier, imprimerie Gras.